Repaso

Lengua · Matemáticas · Conocimiento del medio · Educación artística

1º
PRIMARIA

El cuaderno de **Repaso 1.º**, para el primer curso de Educación Primaria, es una obra colectiva, concebida y realizada en el Departamento de Primaria de Santillana Educación, S. L.

Texto: Esther Echevarría.

Dibujos: Estrella Fages.

Edición: Silvia Moral.

Dirección de Arte: José Crespo.

Equipo de diseño: Rosa Barriga y Elisa Rodríguez.
Coordinación artística: Pedro García.

Dirección técnica: Ángel García.

Coordinación técnica: José Luis Verdasco.
Confección y montaje: Alejandro Retana.
Corrección: Pilar Pérez.

© 2002 by Santillana Educación, S. L.
Torrelaguna, 60 - 28043 Madrid
Printed in Spain

ISBN: 978-84-294-7976-8
CP: 621423
Depósito legal: 3663-2011

Queda prohibida, salvo excepción prevista en la ley, cualquier forma de reproducción, distribución, comunicación pública y transformación de esta obra sin contar con la autorización de los titulares de la propiedad intelectual. La infracción de los derechos mencionados puede ser constitutiva de delito contra la propiedad intelectual (artículos 270 y siguientes del Código Penal).

índice

Una tarde de verano — 4
Lengua: Comprensión de texto.
Matemáticas: Cálculo de sumas y restas. Grande, mediano y pequeño.
Conocimiento del medio: Reconocimiento de distintos tipos de paisaje: la selva y la ciudad.
Plástica: Estructuración del espacio gráfico.

El plan de Blas — 12
Lengua: Escritura de oraciones. Observación y análisis de una ilustración.
Matemáticas: Descomposición del número 10 en forma de suma. Series de números hasta el 31.
Conocimiento del medio: Aplicación de diferentes criterios para clasificar animales.
Plástica: Completar y colorear un dibujo.

Los preparativos — 20
Lengua: Elaboración de pequeños textos.
Matemáticas: Elaboración de series. Descomposición de números de dos cifras en decenas y unidades.
Conocimiento del medio: Reconocimiento de las necesidades de los seres vivos.
Plástica: Formas geométricas: círculo, triángulo y cuadrado.

Un despiste — 28
Lengua: Observación y análisis de los elementos de una ilustración.
Matemáticas: Localización espacial. Ordenación de números de dos cifras. Número anterior y posterior a uno dado.
Conocimiento del medio: Dibujo de las horas en el reloj. Dentro y fuera.

Soluciones

Navegando — 36
Lengua: Asociación de un texto con la imagen correspondiente. Masculino y femenino.
Matemáticas: Cálculo de sumas y restas. Comparación, por estimación, de varios objetos.
Conocimiento del medio: Reconocimiento de los días de la semana.
Plástica: Líneas abiertas y cerradas.

¡Tierra a la vista! — 44
Lengua: Comprensión de texto. Palabras en singular y plural.
Matemáticas: Cálculo de sumas y restas. Ordenación de números utilizando > y <.

En la ciudad — 50
Lengua: Escritura de oraciones para describir una escena. Reconocimiento de los elementos de una ilustración.
Matemáticas: Resolución de problemas sencillos de compra.
Conocimiento del medio: Distancias: cerca y lejos. Interpretación de las indicaciones de un semáforo.

En el circo — 58

tres

1 UNA TARDE DE VERANO

Una tarde de verano, el mono Blas y la rana Croa charlan junto al río. Nunca han salido de la selva y su mayor deseo es viajar a la ciudad.

Pero para llegar a la ciudad hay que cruzar el mar. Croa y Blas se despiden un poco tristes. ¿Cómo podrían cruzar el mar?

■ Colorea de verde a Croa y de marrón a Blas.

De pronto, Blas tiene una idea y va a casa
de Don Felipe, el elefante.

 Hola, Don Felipe. ¿Le gustaría viajar a la ciudad?

 ¿Viajar a la ciudad? Tendremos que cruzar
el mar y necesitaremos un barco.
¿Cómo lo conseguiremos? ¡Pero Blas tiene un plan!
Se acerca a Don Felipe y le dice algo al oído.

 ¡Qué disparate, Blas!

 Descubre en la aventura 1 del Cuaderno qué le dice el mono
al elefante.

REPASO LENGUA

1 ¿Qué hacían el mono y la rana al principio? Rodea.

Croa y Blas flotan en el río.   Croa y Blas charlan junto al río.

2 ¿Qué les gustaría hacer? Marca.

○ Les gustaría salir de la selva y viajar a la ciudad.

○ Les gustaría tener más amigos.

○ Les gustaría dormir la siesta junto al río.

3 ¿Qué necesitan Blas y Croa para cruzar el mar? Coloréalo.

4 ¿A quién visita Blas?

Blas visita a Don _____.

5 Busca las palabras perdidas y completa.

pájaro   ciudad   mono   mar   elefante

Don Felipe es un

Blas es un

Don Felipe vive con un

Blas y Croa quieren ir a la

Pero no saben cómo cruzar el

6 ¿Dónde te gustaría ir de vacaciones? Escribe.

Me gustaría ir

REPASO MATEMÁTICAS

Croa tiene muchas hermanas:

1 ¡No cuentes! Observa el dibujo. ¿Cuántas hermanas crees que tiene?

Creo que tiene _____ hermanas.

2 Ahora, cuenta. ¿Cuántas tiene?

Tiene _____ hermanas.

3 Si creías que tenía 10, ¿cuántas te han faltado para acertar?

Me han faltado ☐ − 10 = ☐   ☐ 10

4 Blas tiene 4 hermanos más que Croa. ¿Cuántos hermanos tiene Blas?

Blas tiene _____ hermanos.   ☐ + ☐ = ☐

5 Ordena a nuestros amigos de mayor a menor según su tamaño. Escribe 1, 2, 3 y 4.

6 Completa.

grande   pequeño   mediano

Don Felipe es el más _____.

Blas es el _____.

El pájaro es el más _____.

REPASO CONOCIMIENTO DEL MEDIO

1 ¿Qué crees que podríamos encontrar en la ciudad? ¿Y en la selva?

Esta es la _____. Esta es la _____.

2 Rodea con lápiz rojo lo que vemos en la ciudad y con verde lo que vemos en la selva.

Muchas personas   Plantas gigantes   Leones

Macetas   Muchas casas   Perros

Hace mucho tiempo, cuando los exploradores iban a la selva y no había cámara de fotos, llevaban artistas para que dibujaran las cosas que habían visto.

1 **Copia el dibujo.**

once 11

2 EL PLAN DE BLAS

Don Felipe lleva unos días mirando la foto de su libro. ¡Cómo le gustaría ver un rascacielos de verdad!

Sabe que Blas y Croa están buscando un barco para cruzar el mar y visitar la ciudad. ¿Dónde van a encontrar un barco?

El mono llega muy nervioso:

 Don Felipe, ¡qué idea! Usted será el barco.

Pero, ¿qué barbaridad es esa? Los elefantes vivimos en la tierra y no nos gusta nadar. Además, con todo lo que peso... no podré flotar.

Blas le explica que Croa y él viajarán encima de su barriga y el elefante remará con las orejas.

REPASO LENGUA

Escritura de oraciones. Observación y análisis de una ilustración

1 Copia.

A Don Felipe le da miedo nadar.

La hormiga navega en una hoja.

2 ¿Con qué va a remar Don Felipe? Rodea y colorea.

REPASO MATEMÁTICAS

1 ¿Crees que Don Felipe hará de barco?
Para convencerle, busca cuatro formas de sumar 10. Puedes usar 2 o 3 números.

¿Quieres saber si Don Felipe irá a la ciudad con Blas y Croa?
Descúbrelo en la aventura 2 del Cuaderno.

A veces, las olas son muy grandes porque el mar tiene mucha fuerza. Por eso, Don Felipe tendrá que practicar.

2 **Repasa.**

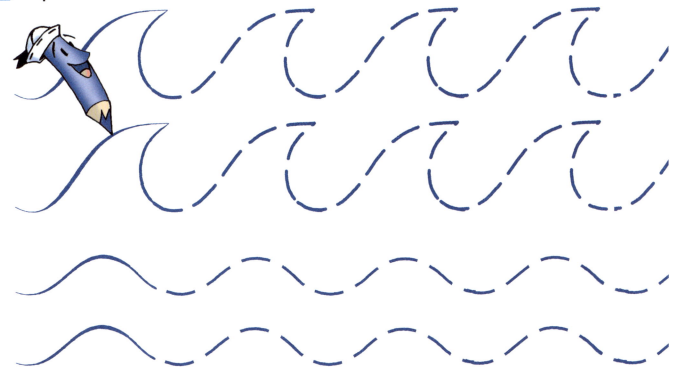

3 **Completa la serie.**

Lunes	Martes	Miércoles	Jueves	Viernes	Sábado	Domingo
1	2	3	4			
8		10				
			18			
		24				
29						

diecisiete 17

REPASO CONOCIMIENTO DEL MEDIO

1 Marca lo que pueden hacer.

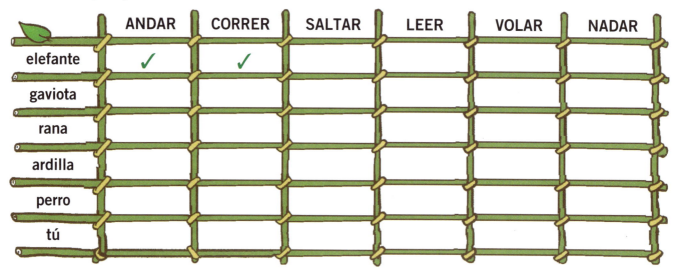

	ANDAR	CORRER	SALTAR	LEER	VOLAR	NADAR
elefante	✓	✓				
gaviota						
rana						
ardilla						
perro						
tú						

No olvides que los elefantes, los monos, las ranas, los pájaros, las hormigas y las personas son seres vivos.

2 Colorea este paisaje. Dibuja un pájaro, un pez, un perro y una hormiga.

REPASO PLÁSTICA

Don Felipe se ha ido a dormir y ha tenido un sueño: estaba con su amigo en la orilla del mar y llevaba un flotador muy grande.

1 **Termina el flotador y colorea el dibujo.**

diecinueve 19

3 LOS PREPARATIVOS

Blas, Croa y Don Felipe tienen que preparar sus equipajes porque se van de viaje a la ciudad.
¿Qué necesitarán durante el viaje?
¿Y en la ciudad?

Pero, ¿qué está haciendo el amigo de Don Felipe? Claro, es verano y habrá que proteger al elefante del Sol.

¡Cuidado, no me des crema en los colmillos!

Aunque no viaje con Don Felipe a la ciudad, su amigo le ayuda mucho.

REPASO LENGUA

1 **¿Qué crees que quieren hacer nuestros amigos en la ciudad? Completa.**

Yo quiero ser _____

Yo quiero ser _____

Yo quiero ser _____

2 Imagina que vas de viaje a la selva y te llevas tus cosas favoritas. ¿Qué meterías en la maleta? Completa.

Me llevaría

- ¿Te llevarías algún juguete? ¿Cuál?

- Dibújalo.

REPASO MATEMÁTICAS

Una vez, Blas se encontró un cofre lleno de monedas y lo escondió dentro de un árbol.

1 Sigue las series y averigua quién llegará primero.

El primero en llegar ha sido _____

 Descubre en la aventura 3 del Cuaderno cómo encontró Blas el cofre en la selva.

2 Escribe el número que corresponde.

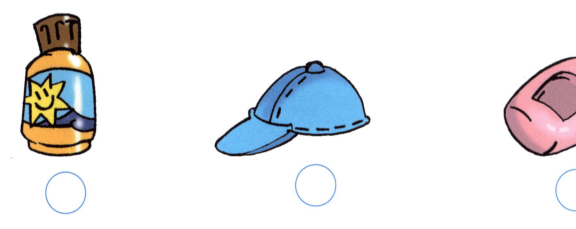

3 ¿Cuántas decenas y unidades de botes de crema necesitan?

Decenas = ☐   Unidades = ☐

4 ¿Cuántas decenas de pastillas de jabón?

REPASO CONOCIMIENTO DEL MEDIO

1 Ayuda a Croa a hacer la compra. ¿Qué come cada uno? Rodea.

2 A Croa se le ha olvidado algo muy importante. ¿Sabes qué es?
Te daremos una pista: es un líquido, es transparente y la del mar está salada. Además, sin ella no podrían vivir.

A Croa se le ha olvidado el _____

REPASO PLÁSTICA

1 ¿Quieres decorar las maletas de los tres aventureros? Utiliza 🔴, 🔺 y 🟦 y consigue que cada una sea diferente.

La maleta de Don Felipe

La maleta de Croa

La maleta de Blas

- ¿Cuántos triángulos has pintado en la maleta del elefante? 🔺 = _____

- ¿Cuántos círculos has dibujado en la de Croa? 🔴 = _____

- ¿Cuántos cuadrados en la de Blas? 🟦 = _____

veintisiete 27

4 UN DESPISTE

Don Felipe está hablando con su amigo el Señor Melenas, el león. Él conoce la ciudad porque estuvo en un zoológico de pequeño.

— Por favor, Señor Melenas, ¿podría decirme si se nos ha olvidado algo para el viaje?

— ¿Lleváis comida, agua, crema protectora, ropa y dinero?

— Sí, claro, y cepillo de dientes.

— ¿Y los pasaportes?

Don Felipe corre a buscar a Blas y a Croa.

¡Este mono peludo no ha pensado en los pasaportes!

Sin ellos no se puede viajar a la ciudad.

Al fin, encuentra a Croa y a Blas tomando un batido de coco en el río.

Pero Blas, ¿en qué estabas pensando?

¡Has olvidado los pasaportes!

Los tres amigos intentarán encontrar una solución.

REPASO LENGUA

1 Observa el dibujo y coloréalo.

INFORMACIÓN PARA LA FAMILIA Y SOLUCIONES A LAS ACTIVIDADES

El objetivo de este cuaderno es repasar y reforzar los contenidos básicos que el niño ha adquirido durante el curso.

Para ello, hemos optado por integrar los contenidos de las distintas áreas mediante un recurso motivador: el cuento.

Es fundamental que el niño siga el orden propuesto para comprender la historia y conocer a los personajes.

A su vez, cada unidad de este Cuaderno de Repaso está conectada con el Cuaderno de Aventuras, que tiene un carácter más lúdico.

Un sistema de aprendizaje cómodo y entretenido.
Un método para aprender leyendo, para aprender jugando.

¡Felices Vacaciones!

Cuaderno de Repaso

Cuaderno de Aventuras

1. Una tarde de verano

Pág. 6
- Croa y Blas charlan en el río. Les gustaría salir de la selva y viajar a la ciudad. Necesitan un barco. Blas visita a Don Felipe.

Pág. 7
- Don Felipe es un elefante.
- Blas es un mono.
- Don Felipe vive con un pájaro.
- Blas y Croa quieren ir a la ciudad.
- Pero no saben cómo cruzar el mar.

Pág. 8
- Tiene 12 hermanas. 12 − 10 = 2.
- Blas tiene 16 hermanos. 12 + 4 = 16.

Pág. 9

- Don Felipe es el más grande, Blas es el mediano y el pájaro es el más pequeño.

Pág. 10
- En la selva: plantas gigantes y leones. En la ciudad: muchas personas, macetas, muchas casas y perros.

2. El plan de Blas

Pág. 15
- Don Felipe remará con las orejas.

Pág. 17

Lunes	Martes	Miércoles	Jueves	Viernes	Sábado	Domingo
1	2	3	4	5	6	7
8	9	10	11	12	13	14
15	16	17	18	19	20	21
22	23	24	25	26	27	28
29	30	31				

Pág. 18
- La gaviota puede andar, volar y saltar. La rana puede saltar y nadar. La ardilla puede correr y saltar. El perro puede andar, correr, saltar y nadar.

3. Los preparativos

Pág. 22
- Yo quiero ser mago.
- Yo quiero ser bailarina.
- Yo quiero ser flautista.

Pág. 24
- El primero en llegar ha sido el mono.

Pág. 25
- 42; 3; 50.
- Necesitan 4 decenas y dos unidades de botes de crema protectora y 5 decenas de pastillas de jabón.

Pág. 26
- El mono come plátanos, la rana come mosquitos y el elefante come paja. A Croa se le ha olvidado el agua.

4. Un despiste

Pág. 31
- Don Felipe. C/ Pradera de Ciervo, 2.
- Blas. C/ Rama Alta, 37.
- Croa. C/ Charca Rosa, 11.

Pág. 32
- ¡Arriba y a la izquierda! ¡Arriba y a la derecha! ¡Más abajo!

Pág. 33
- 32, 24, 17 y 12.
- El anterior a 17 es 16.
- El posterior a 12 es 13.
- Una decena y tres unidades (de moscas).
- Una decena y siete unidades (de lombrices).

Pág. 34

- Están fuera de su casa: el pájaro y el zorro.
- Están dentro: el león, la ardilla y la hormiga.

Pág. 35

- Blas **empuja** a Don Felipe.

5. Navegando

Pág. 38
- La carta a la Señora Hormiga la escribe Don Felipe. La carta a su hermanita la escribe Croa. Blas escribe a su primo.

Pág. 39
- El Señor León, los Señores Loros, la Señorita Serpiente, el Abuelo Sapo, los Señores Gorilas.
- La pancarta: Buen viaje, amigos. Todos los días nos acordamos de vosotros.

Pág. 40
- El lunes Don Felipe vio 6 pájaros, el martes vio 8 y el miércoles vio 10.

- En total, Don Felipe vio 24 pájaros.
- En el cielo hay 16 estrellas y Don Felipe vio 6 menos que tú.

Pág. 41

La más joven

El más pequeño

La más grande

La más alta

El más pesado

La más ligera

Pág. 42
- Los nombres mal escritos son: martes y miércoles.
- El jueves vimos una estrella enorme.
- El tercer día hizo sol.
- Sí, el domingo llovió.

6. ¡Tierra a la vista!

Pág. 47

- La maleta de Don Felipe es la más grande. Las maletas de Croa y Blas son las más pequeñas. Don Felipe estaba cansado de estar siempre mojado. Blas y Croa no han usado la toalla porque estaban secos.

Pág. 48
- 5 + 5 = 10; 10 − 1 = 9; 9 − 4 = 5

Pág. 49
- El número 14 pertenece a Croa. El número 90, a Don Felipe y el 30, a Blas.
- 90 > 30 > 14

7. En la ciudad

Pág. 52
- Primero, llegan a la ciudad. Después, se encuentran con el guardia. Luego, Don Felipe estornuda y el guardia sale volando.

Pág. 53
- 1. Farola. 2. Autobús. 3. Coche. 4. Papelera. 5. Banco. 6. Semáforo.

Pág. 54

Pág. 55

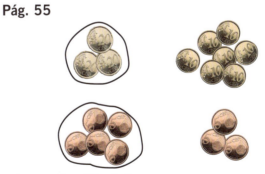

- Le quedan 31 céntimos.

Pág. 57
- El circo está más cerca de la iglesia que del hospital.
- El hospital.

Don Felipe encuentra en su biblioteca un libro donde hay una foto de un pasaporte.

2 **Fíjate en la página anterior y completa los pasaportes.**

24

Nombre: Peter Lorren

País: Inglaterra

Dirección: Calle Devon Port Road, 10

Firma

17

Nombre: _____

País: La selva

Dirección: _____

Firma

32

Nombre: _____

País: La selva

Dirección: _____

Firma

12

Nombre: _____

País: La selva

Dirección: _____

Firma

REPASO MATEMÁTICAS

1 **¿Puedes ayudar a Croa a hacerle la foto a Don Felipe?**
¡Es tan grande que casi no cabe!

 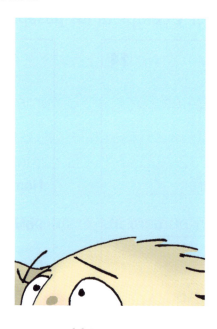 

¡Más arriba!   ¡Más abajo!   ¡Más a la derecha!

  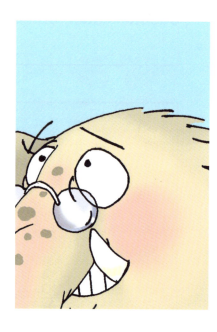

 Descubre en la aventura 4 del Cuaderno cómo viajar con nuestros amigos a la ciudad.

2 **Fíjate en los números de los pasaportes. Ordena de mayor a menor.**

24   17   32   12   ▶   ☐ ☐ ☐ ☐

El número anterior a 24 es 23.   El número anterior a 17 es ☐.

El número posterior a 32 es 33.   El número posterior a 12 es ☐.

3 **Escribe en cada cuadro un número mayor que 60 y menor que 70.**

☐   ☐   ☐   ☐   ☐

Al volver a casa, Croa ha hecho algunas fotos de sus animales favoritos.

4 **¿Cuántos caben en cada una? Cuenta y completa.**

1 decena y cinco unidades.

_____.

_____.

REPASO CONOCIMIENTO DEL MEDIO

¡Gonnnnnnng! El reloj ha dado la hora. Son las diez en punto de la mañana. Ya solo queda despedirse de los vecinos.

1 ¿Puedes poner el reloj en hora?

2 Rodea con lápiz rojo los animales que están fuera de su casa y con verde los que están dentro.

3 Nuestros amigos han tardado dos horas en despedirse de los vecinos. ¿Qué hora es?

4 ¿Qué crees que está haciendo Blas? Rodea.

Blas **empuja** a Don Felipe.   Blas **tira** de Don Felipe.

5 NAVEGANDO

Nuestros tres aventureros llevan días navegando. Tienen nuevos amigos: los animales que viven en el mar.

Ayer hicieron una guerra de duchas con las ballenas. ¡Eran muy simpáticas!

Cuando acabaron de jugar, a Don Felipe le picaba mucho la espalda y no podía dormir. De pronto, oyó una voz muy dulce hablándole al oído. Solo podía ser su amigo. ¡Qué alegría, al elefante ya no le pica la espalda!

- ¿Te acuerdas del amigo de Don Felipe? Márcalo con una cruz y búscalo en la página anterior.

REPASO LENGUA

Hoy, Don Felipe, Croa y Blas han escrito una carta a sus amigos de la selva.

1 ¿Quién crees que ha escrito cada una? Une con flechas.

Querida Señora Hormiga, tenía usted razón, nadar es muy divertido.
Ya no me da miedo.
Le envío muchos trompazos.

Hola, hermanita, estoy tan contenta que salto todo el día.
Por la noche me pongo a cantar y a bailar y no dejo dormir a mis amigos.
Cuídame la charca.

Hola, primo, estoy muy contento, porque tengo muchos amigos nuevos, aunque son un poco raros: ¡no tienen pelo!
Echo de menos colgarme contigo de los árboles y rascarte la cabeza.

 Descubre en la aventura 5 del Cuaderno por qué Croa no deja dormir a sus amigos.

Cuando las cartas han llegado a la selva, los vecinos se han reunido para leerlas.

2 **Completa la lista de invitados. Utiliza.**

el   la   los   las

Hoy, a las cinco, reunión de vecinos.
Merienda y lectura de las cartas de nuestros amigos.
Lista de invitados.

La Señora Hormiga ===== Señor León

===== Señores Loros ===== Señorita Serpiente

===== Abuelo Sapo ===== Señores Gorilas

Están tan contentos que han decidido contestarles. Los señores loros les llevarán el mensaje.

3 **Completa las vocales que faltan en la pancarta.**

B=EN VI=JE, AMIGOS. TODOS LOS D=AS
NOS ACORDAMOS D= VOS=TROS.

REPASO MATEMÁTICAS

Como Don Felipe viaja tumbado, siempre está mirando el cielo.
De día se fija en las formas que hacen los pájaros al volar.

1 **Cuenta los pájaros que vio Don Felipe y completa.**

El lunes vio _____.   El martes vio _____.   El miércoles vio _____.

☐ ☐ ☐ ☐ ☐ = ☐.   Don Felipe vio _____ pájaros en total.

Y de noche cuenta las estrellas que hay en el cielo.

2 **¿Cuántas estrellas se ven en el cielo?**

Yo veo en el cielo _____ estrellas.

Hace un rato, Don Felipe ha contado solo diez porque había una nube que tapaba las demás.

Don Felipe ha visto _____ estrellas menos que yo.

40 cuarenta

3 **Rodea.**

La más joven

El más pequeño

La más grande

La más alta

El más pesado

La más ligera

REPASO CONOCIMIENTO DEL MEDIO

Ha pasado una semana desde que nuestros amigos salieron de la selva. Están escribiendo un diario, pero el viento ha desordenado las hojas.

1 Ordena los días de la semana. Numera 1.º, 2.º, 3.º, 4.º, 5.º, 6.º y 7.º.

2 Hay dos días que no están bien escritos. ¿Cuáles son? Escríbelos correctamente.

- _____   - _____

3 Completa.

El lunes hubo una tormenta.

El martes nos visitaron los caballitos de mar.

El _____ vimos una estrella enorme.

El sábado hicimos una fiesta con los pulpos.

¿Qué tiempo hizo el tercer día? _____

¿Crees que llovió el séptimo día? _____

REPASO PLÁSTICA

Túmbate en el suelo y observa las nubes.

1 **Dibuja nubes y pájaros con distintas formas. Utiliza líneas abiertas y cerradas** ⌒ ◯ **.**

cuarenta y tres 43

6 ¡TIERRA A LA VISTA!

Cuando se despierta, Croa se pone a hacer gimnasia.
De pronto, grita: ¡Tierra a la vista!
¿Estás segura, Croa?

Don Felipe estira su trompa y todos se suben encima.
¿Será cierto que ya han llegado?

¡Achússss! Don Felipe estornuda con tanta fuerza que nuestros amigos salen disparados hasta la playa. ¡Don Felipe, parece usted un avioooón!

- ¿Por qué ha estornudado? ¿Le habrán hecho cosquillas en la trompa? ¿Qué crees que ha pasado?

 Si quieres saberlo, descúbrelo en la aventura 6 del Cuaderno.

cuarenta y cinco 45

REPASO LENGUA

Nuestros amigos bajan el equipaje y ayudan a Don Felipe a levantarse y salir del agua. Pero, ¿qué ha pasado? Durante el viaje, una familia de mejillones creyó que Don Felipe era una roca muy grande que flotaba en el mar. ¡Y los mejillones se pegaron a su espalda!

¡Por eso le picaba la espalda al pobre Don Felipe!

¡Por fin han llegado! ¡Qué alegría, parece mentira!
Don Felipe se seca con la toalla y da una carrerita para estirar las patas.
¡Qué contento está de volver a ponerse de pie!

1 **¿Quién crees que dice cada cosa? Une con flechas.**

¡Ánimo, que ya hemos llegado! ¿No quiere un plátano para celebrarlo?

¡Cómo se le ha quedado la piel al pobre! Tendré que darle crema por todo el cuerpazo.

¡Voy saltando a ayudarle, Don Felipe!

¡Soy un animal de tierra y he cruzado el mar como si fuera un barco!

2 **Completa:**

| secos | grande | pequeñas | mojado |

La maleta de Don Felipe es la más ——————————.

Las maletas de Croa y Blas son las más ——————————.

Don Felipe estaba cansado de estar siempre ——————————.

Blas y Croa no han usado la toalla porque estaban ——————————.

REPASO MATEMÁTICAS

Ha llegado el momento de abrir las maletas y prepararse para conocer la ciudad.

1 Para abrirlas, resuelve las operaciones. Después, une las llaves y las maletas con el mismo número.

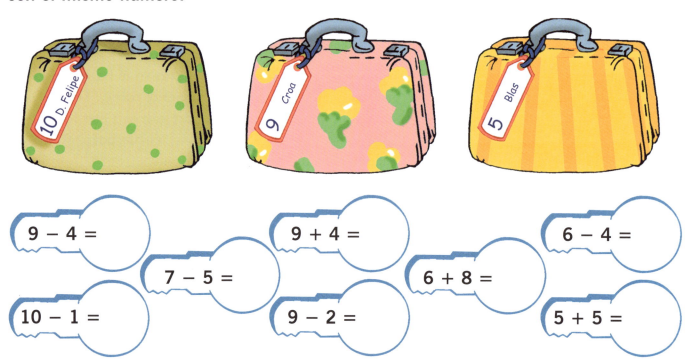

9 − 4 =

9 + 4 =

6 − 4 =

7 − 5 =

6 + 8 =

10 − 1 =

9 − 2 =

5 + 5 =

2 Une con quien corresponda.
Don Felipe se pondrá la ropa de lunares, Croa prefiere la ropa de flores, y Blas, la de rayas.

Cálculo de sumas y restas. Ordenación de números utilizando > y <

3 ¿De quién son? Escribe: Blas, Croa o Don Felipe. Fíjate en los números.

■ Dibuja tus zapatos y escribe tu número.

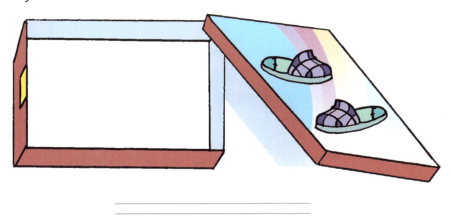

4 Ordena y escribe, de mayor a menor, los números de nuestros amigos. Utiliza el signo < o >.

Durante el viaje, nuestros amigos se han lavado los dientes, se han duchado con la trompa de Don Felipe y se han peinado.

5 Rodea de color azul el cepillo y el peine más largos y de color verde los más cortos.

7 EN LA CIUDAD

 Pero, ¿cómo pueden construir las personas esas montañas cuadradas? ¡Son rarísimas!

 No son montañas, son casas. Están hechas con ladrillos.

 A mí las personas me parecen marcianos.

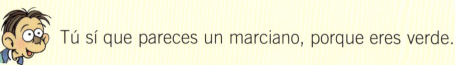 Tú sí que pareces un marciano, porque eres verde.

 Descubre en la aventura 7 del Cuaderno por qué el ayudante de Don Felipe sabe cómo son las casas de la ciudad.

REPASO LENGUA

1 ¿Qué les ha pasado a nuestros amigos?
Observa y numera las viñetas: 1, 2 y 3. Escribe la historia.

Primero, llegan _____

Después, _____

Luego, _____

2 Imagina que nunca has visto una ciudad, ¿qué te llamaría la atención?

3 Don Felipe, Croa y Blas nunca han estado en la ciudad y no saben cómo se llaman las cosas. ¿Puedes ayudarles?

1. *Farola*

2. _____

3. _____

4. _____

5. _____

6. _____

¿Qué está leyendo Don Felipe? Ellos no sabían qué era el circo, pero ahora sí. El circo es el lugar donde viven los animales que son artistas.

¡Ha merecido la pena hacer el viaje!

REPASO MATEMÁTICAS

Resolución de problemas sencillos de compra

Lo primero que tienen que hacer nuestros amigos antes de llegar al circo, es comprar una medicina para curar el resfriado de Don Felipe.
¡No puede seguir estornudando!

1 Blas, Croa y el amigo de Don Felipe también necesitan algunas cosas. Lee la lista y ayúdales a buscar dónde pueden comprarlas. Une con flechas.

La lista de la compra

- Una pinza para taparle la trompa a Don Felipe. ¡Es para no estornudar!

- Caramelos para la tos de Don Felipe.

- Cordones de zapatillas para Croa.

- 2 plátanos para Blas.

- Migas de pan para el amigo de Don Felipe.

2. ¿Con qué monedas pagarías los cordones y los caramelos?
Lee y rodea las monedas correspondientes.

Croa pagó 60 céntimos por los cordones.

Don Felipe pagó 25 céntimos por los caramelos.

3. Fíjate en el recibo de la frutería. Si Blas tenía en el monedero 86 céntimos, ¿cuánto dinero le queda?

Frutería "La pera"

Dos plátanos....55 céntimos

Total................55 céntimos

REPASO CONOCIMIENTO DEL MEDIO

Don Felipe, Croa y Blas están como locos. ¡Ahora serán artistas de circo! Pero, ¿dónde estará el circo? Antes de salir volando, el guardia les ha dicho que tienen que pasar por el hospital, luego, ver una iglesia y, después, cruzar el puente.

1 Señala el camino en el mapa.

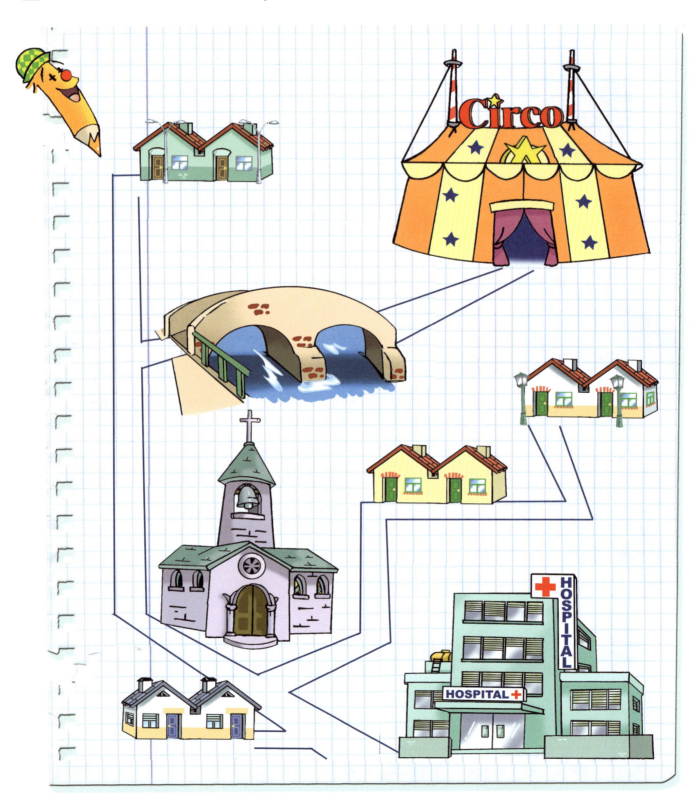

Distancias: cerca y lejos. Interpretación de las indicaciones de un semáforo

2 **Imagina que te encuentras con Blas y te hace estas preguntas. ¿Qué le contestarías? Fíjate en el mapa.**

¿El circo está más cerca de la iglesia o del hospital?

_____

¿Qué está más lejos del circo, el puente o el hospital?

_____

Al cruzar una calle pasa un autobús, pero nuestros amigos nunca han visto uno y están asombrados.

Les gustaría montar, pero Don Felipe es demasiado grande.

3 **¿Qué significa cada color del semáforo? Une.**

   No se puede cruzar

   Se puede cruzar

cincuenta y siete 57

8 EN EL CIRCO

Gracias a tu ayuda, nuestros amigos han llegado al circo. El pajarito está nervioso porque no ha tenido tiempo de cepillar a Don Felipe. Nunca hablamos de él porque es muy tímido y dice que no quiere ser famoso, pero él ha sido muy importante para llegar a la ciudad.

- Lee el cartel que acaba de colgar este señor.

EL CIRCO MUNDIAL
NECESITA URGENTEMENTE:

Mono que haga trucos de magia.

Rana bailarina que sepa cantar.

Elefante que toque la flauta.

Para ayudar a nuestros amigos a conseguir el trabajo y cumplir su sueño de ser artistas en la ciudad, hemos pensado escribir una carta al director del circo.

> Señor Director,
>
> durante todo el verano hemos viajado con Don Felipe, Croa, Blas y un pajarito muy tímido.
>
> Queremos decirle que son muy simpáticos, que son auténticos artistas y que estamos seguros de que van a triunfar.
>
> Un saludo,

- Seguro que tú también quieres escribir una carta.

Don Felipe, Blas y Croa te dan las gracias.

Colorea a Don Felipe.

Cuaderno de aventuras
1º
PRIMARIA

AVENTURA 1

El mono Blas es muy amigo de la rana Croa.

Crecieron en la selva: Croa, en la Charca Rosa, y Blas, en la calle Rama Alta.

Desde que eran pequeños, sueñan con cruzar el mar, conocer la ciudad y ser artistas.

Esta tarde, mientras se toman un batido de coco, han decidido intentarlo. Por eso, Blas va a visitar a Don Felipe, el elefante, y le propone un plan...

¿Quieres saber qué le dice Blas a Don Felipe? Sigue las pistas.

PISTA 1

1 Tacha la sílaba *bla*. Después, escribe el mensaje.

FLO	BLA	TE	BLA	EN	BLA	EL	BLA
MAR	BLA	CO	BLA	MO	BLA	UN	BLA

Blas quiere que Don Felipe _____

■ Para terminar la frase, resuelve la pista 2.

PISTA 2

■ Busca cuatro objetos que empiecen por la letra (B). Rodéalos.

■ Escribe las palabras que has encontrado.

_____

_____

■ ¿Cuál elegirías para terminar el mensaje de la pista 1? Escribe la frase completa.

Blas quiere que _____

_____

_____

Don Felipe cree que Blas le quiere gastar una broma porque los elefantes viven en la tierra y no les gusta nadar.

AVENTURA 2

Desde hace muchos años, Don Felipe vive con su mejor amigo: el pajarito. A los dos les gustan las mismas cosas: leer historias de otros países y jugar al ajedrez.

¿Quieres saber si Don Felipe irá a la ciudad con Blas y Croa?

no iré

un aventurero

a

o

m

1 **Para terminar la frase ordena las letras que encuentres en la camisa del pajarito.**

Don Felipe no viajará sin su _____ .

El pajarito es muy tímido y no habla mucho. ¡No nos ha dicho su nombre! Cuando Don Felipe le ha pedido que le acompañe a la ciudad, le ha escrito una nota.

2 Para leer la nota, escribe en orden las palabras que están escritas en el cuerpo del pajarito.

1. En el pico: _____

2. En el ala izquierda: _____

3. En el ala derecha: _____

4. En la cola: _____

Don Felipe lo entiende, aunque se pone triste.

AVENTURA 3

Blas y su primo son los monos más divertidos de la selva. Se cuelgan de las ramas altas de los árboles y gastan bromas a los animales que pasan por debajo.

Un día, a Blas le hizo tanta gracia un chiste que le contó su primo que, de la risa, se cayó del árbol.

Mira lo que encontró:

Aquí enterré el tesoro. Sigue la

■ **Para llegar hasta el tesoro, resuelve las operaciones y consigue el número 7 en cada una.**

Para poder entrar en algunos países, se necesita tener pasaporte.
Es un librito con estos datos: quiénes somos, dónde hemos nacido y dónde vivimos.

1 **Para acompañar a nuestros amigos a la ciudad, completa este pasaporte con tus datos.**

0742

Pega una foto tuya

Nombre:

País:

Dirección:

Firma

2 Repasa. Después, decora el cartel.

OFICINA VIAJERA

3 Imagínate que vas de viaje a la selva. ¿A qué amigo o amiga invitarías? Completa su pasaporte.

0835

Pega una foto de tu amigo o amiga

Nombre: _____

_____

País: _____

_____

Dirección: _____

_____

Firma

AVENTURA 5

Croa es la rana más soñadora de la Charca Rosa. Por las noches, mira la Luna y se imagina que es una gran artista, como su abuela.

Croa ha pegado un salto y en el agua se han dibujado estas palabras:

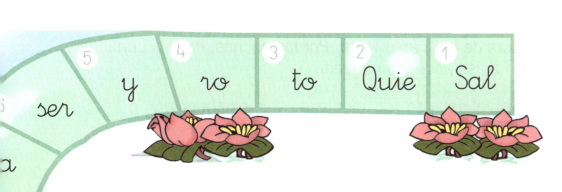

1 Salta de dos en dos, empezando por el 1, y sabrás qué hace Croa por las noches. Escríbelo.

Salto y taconeo

2 Salta de dos en dos, empezando por el 2, y sabrás qué piensa Croa.

Quiero ser

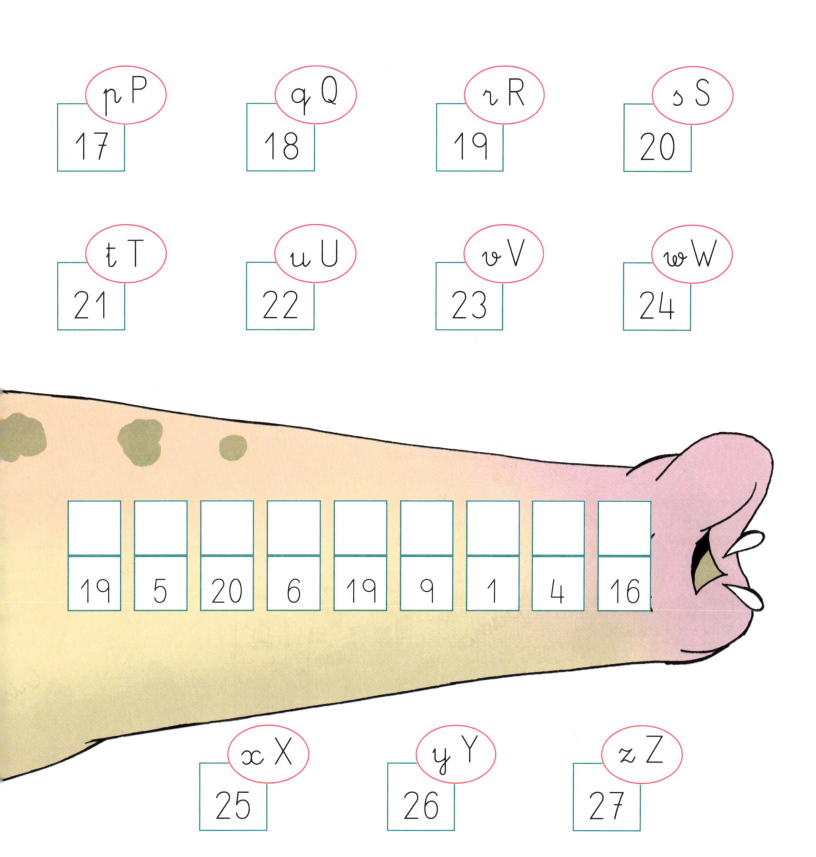

- **Cambia los números de la trompa de Don Felipe por las letras del abecedario que correspondan y sabrás por qué estornuda.**

Don Felipe se ha _____.

AVENTURA 7

El amigo de Don Felipe estudia en la Universidad de las Aves.
Un grupo de pájaros le trae los libros y los cuadernos a la selva.

¿Crees que tiene el libro *Vida de las aves en la ciudad*?

■ **Para averiguarlo, busca los materiales que se utilizan en la construcción de una casa. Por ejemplo, si encuentras las palabras *hierro* y *algodón*, seguro que eliges *hierro*.**

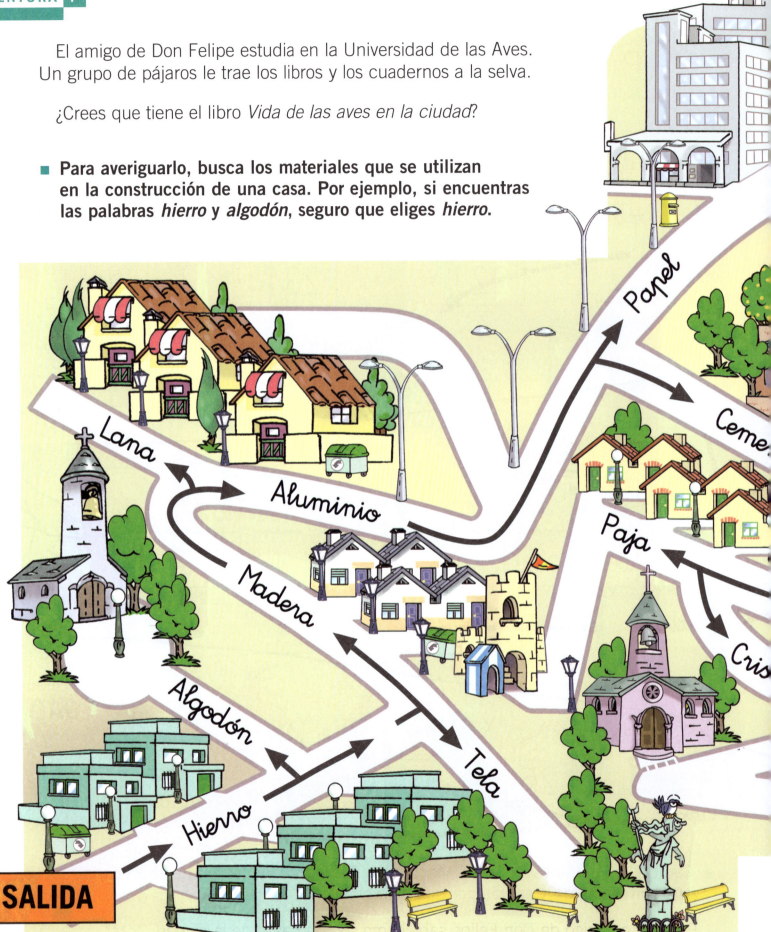

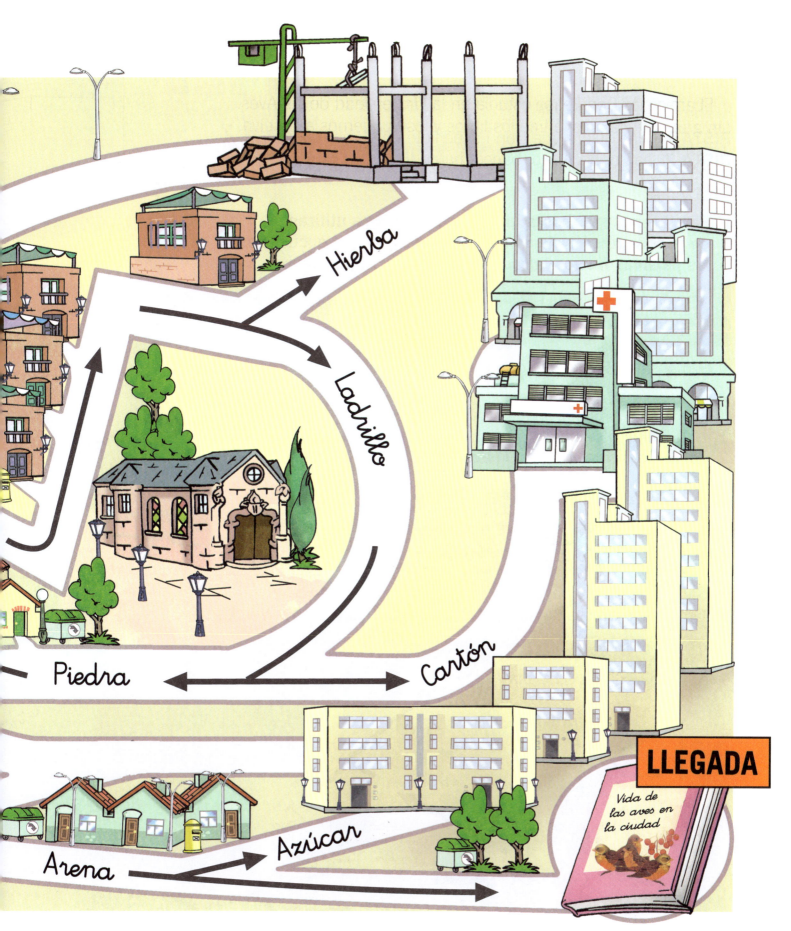

¿Lo has conseguido?

Por eso, el amigo de Don Felipe sabe cómo son las casas de la ciudad.

SOLUCIONES

AVENTURA 1

PISTA 1: Blas quiere que Don Felipe flote en el mar como...
PISTA 2: barco, bocadillo, banco, barandilla.

- El mensaje: Blas quiere que Don Felipe flote en el mar como un barco.

AVENTURA 2

1. Don Felipe no viajará sin su amigo.
2. Lo siento, no iré. No soy un aventurero.

AVENTURA 3

- $1 + 6 = 7$; $9 - 2 = 7$; $3 + 4 = 7$; $8 - 1 = 7$; $7 - 0 = 7$; $5 + 2 = 7$

AVENTURA 5

1. Salto y taconeo y hago el pino en la barriga de Don Felipe.
2. Quiero ser famosa como mi abuela, la gran Ranaldinova Verdusca.

AVENTURA 6

- Don Felipe se ha resfriado.

AVENTURA 7

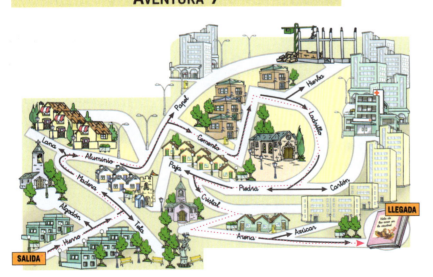